Timo
und die letzte
Waffel

und andere Geschichten

concepcion®
OHG SEIDEL

Bibliografische Information der Deutschen Nationalbibliothek

Die Deutsche Nationalbibliothek verzeichnet diese Publikation in der Deutschen Nationalbibliografie; detaillierte bibliografische Daten sind im Internet über dnb.de abrufbar.

Freudenberg, Esther

Timo und die letzte Waffel

© 2021 by concepcion SEIDEL OHG, Hammerbrücke
08262 Muldenhammer

Satz & Layout: Esther Freudenberg
Covergestaltung: Gerhard Friesen - Lichtzeichen-Verlag GmbH, Lage

Bibelzitate aus der revidierten Lutherbibel 1975

Best.-Nr.: 644.221
ISBN 978-3-86716-221-0

Inhaltsverzeichnis

Timo und der Wildpark

Timo ist bei Finn zum Geburtstag eingeladen. Sie wollen in den Wildpark fahren. Deshalb treffen sie sich nicht bei Finn zu Hause, sondern am Bahnhof. Finns Mama wird Timo abends nach Hause bringen, weil Papa noch einen Termin hat.

Timo freut sich schon sehr: „Ich möchte sooo gerne ein Reh sehen!", sagt er immer wieder. Sie fahren rechtzeitig los, damit sie auf keinen Fall zu spät am Bahnhof sind. Durch die Stadt kann es manchmal nämlich länger dauern. Und tatsächlich, irgendwo muss ein Unfall passiert sein, denn es ist ein fürchterlicher Stau. Es geht weder vor noch zurück. Timo fällt ein, dass sie doch Musik anmachen könnten. „Können wir mein schönes Lied hören?", fragt er. Papa schaltet den CD-Spieler ein.

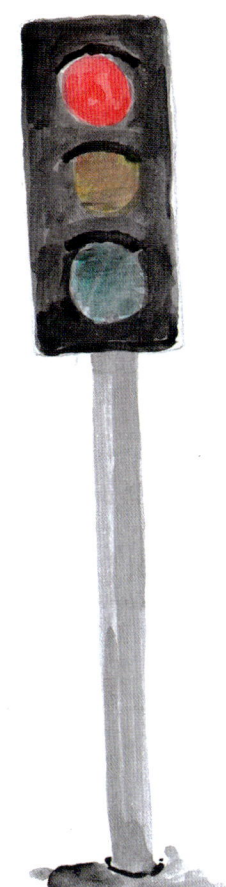

Eine Mädchenstimme erklingt: „Wer hilft mir, auch wenn niemand helfen kann? Jesus! Wer gibt mir Hoffnung, wenn alles aus ist? Jesus! Jesus will ich glauben, ihm, der zu mir spricht: ‚Fürchte dich nicht, ich helfe dir, vertraue mir!‘", singt sie.

„Das ist wirklich ein schönes Lied", sagt Papa, als es zu Ende ist. „Dazu fällt mir eine Geschichte von Jesus ein." Er dreht die Musik leiser und erzählt: „Eine große Menschenmenge ist mal wieder bei Jesus. Da kommt ein Mann. Er heißt Jaïrus. Er wirft sich Jesus zu Füßen und fleht ihn an: ‚Mein Töchterchen ist sterbenskrank. Bitte komm und lege deine Hände auf sie, damit sie gesund wird und lebt!‘

Jesus geht mit ihm. Doch unterwegs werden sie aufgehalten und bevor sie Jaïrus' Haus erreichen, kommen ein paar Leute mit der Nachricht: ‚Deine Tochter ist gestorben; es nützt nichts, Jesus weiter um Hilfe zu bitten.'

„Ach, wie schlimm!", sagt Timo betroffen.

„Ja, das war wirklich sehr schlimm", nickt Papa. „Bestimmt hat Jaïrus ganz verzweifelt gedacht: *Mein liebes Kind ist tot! Jetzt kann mir niemand mehr helfen!* Aber Jesus sagt zu Jaïrus: ‚Fürchte dich nicht, glaube nur!' Jesus kann nämlich auch dann noch helfen, wenn man denkt: *Alles ist aus!*

Sie gehen weiter und kommen schließlich zu Jaïrus' Haus. Dort ist es sehr voll und laut und die Menschen weinen sehr. Jesus sagt, dass das unnötig ist, weil das Kind nur schläft. Da lachen sie ihn aus. Sie glauben nicht, dass für Jesus der Tod nur wie ein Schlaf ist. Jesus sorgt erstmal für Ruhe im Haus und schickt all die lärmenden Menschen hinaus. Nur mit den Eltern und seinen drei besten Freunden geht er in das Zimmer, in dem das tote Mädchen liegt. Er nimmt sie an der Hand und sagt: ‚Mädchen, ich sage dir, steh auf!' Sofort steht das Mädchen auf und geht herum. Die Eltern können es gar nicht fassen: Ihr totes Kind läuft durchs Zimmer! Jesus sagt ihnen, dass sie ihrer Tochter etwas zu essen geben sollen. Das ist jetzt wichtig für das Mädchen. Aber es ist auch wichtig für die Eltern: Sie wissen, ihr Kind ist wirklich wieder gesund. Und sie wissen noch etwas: Jesus kann auch dann noch helfen, wenn alles aus ist."

„Obwohl das Mädchen schon tot war!", staunt Timo. „Jesus kann wirklich helfen, wenn alles aus ist."

„Ja, das kann er", nickt Papa.

Endlich beginnen die Autos vor ihnen, langsam weiterzufahren. Aber inzwischen ist es schon sehr spät.

Papa ruft Finns Mama an: „Wir stecken im Stau. Ich weiß nicht, ob wir es rechtzeitig schaffen", sagt er.

„Hoffentlich kommen wir nicht zu spät", meint Timo besorgt. „Ich möchte sooo gerne nah bei den Rehen sein! Papa, du hast grade gesagt, dass Jesus auch helfen kann, wenn man denkt, es ist alles aus. Kann Jesus machen, dass ich trotzdem in den Wildpark kann, auch wenn wir zu spät kommen?"

„Jaaa ...", sagt Papa zögernd. „Aber manchmal klappt es nicht so, wie man sich das wünscht."

„Aber manchmal auch doch", sagt Timo zuversichtlich. Endlich sind sie am Bahnhofsparkplatz. Papa nimmt Timos Hand und sie rennen los. So schnell ist Timo noch nie gelaufen. Er bekommt kaum Luft. Aber er rennt weiter. Schnell hoch zum Gleis. Der Zug - ist weg! Sie sehen nur noch die Rücklichter. Alles Beeilen umsonst! Timo fängt an zu weinen: „Ich wollte so gerne mit in den Wildpark!" Papa versucht, ihn zu trösten, aber es nützt nichts. „Ich wollte doch die Rehe sehen!" Timo weint nicht nur, er heult - und zwar so laut, dass

die Leute sich nach ihm umdrehen. Er ist furchtbar traurig. „Können wir mit dem nächsten Zug fahren? Kannst du mich mit dem Auto hinbringen?", bettelt er.

Papa hockt sich vor ihn. Er sieht gar nicht glücklich aus. „Hör zu, Timo, es tut mir sehr leid, dass du enttäuscht bist. Es ist jetzt nicht zu ändern. Du weißt doch, dass ich nachher noch wegmuss."

Timo ist so traurig, dass er nicht mehr laufen möchte. Papa nimmt ihn auf den Arm und trägt ihn zurück zum Auto. In seinem Sitz weint Timo weiter vor sich hin. „Niemand kann mir helfen!", schluchzt er.

An einer roten Ampel dreht Papa sich um. „Timo,

ich weiß, dass du traurig bist. Aber es ist niemand gestorben. Wir gehen ein anderes Mal in den Wildpark."

„Doch, der Wildpark ist gestorben!", weint Timo.

Papa seufzt. Er dreht sich wieder nach vorne und schaltet den CD-Spieler ein. Timos Lieblingslied erklingt: „Wer hilft mir, wenn niemand helfen kann? Jesus! ...", singt die Mädchenstimme.

„Aber mir hilft Jesus nicht. Ich kann immer noch nicht in den Wildpark", weint Timo.

„Manchmal hilft er auch anders, als wir das erwarten", antwortet Papa. Im nächsten Moment bremst er plötzlich heftig. Gut, dass sie beide angeschnallt sind!

„Papa!", ruft Timo erschrocken.

„Da vorne liegt ein Reh auf der Fahrbahn", erklärt Papa und fährt an den Straßenrand. Timo hat aufgehört zu weinen. „Es lebt noch", sagt er. Er hat gesehen, wie das Reh sich bewegt hat.

„Ich werde es von der Fahrbahn ziehen, damit niemand es überfährt", meint Papa. Timo will auch helfen, aber Papa sagt, dass das zu gefährlich ist. Erst, als das Reh am Straßenrand liegt, darf Timo aus dem Auto.

Während Papa jemanden anruft, der sich um das Tier kümmert, hockt Timo sich zu dem Reh. Er schaut in die glänzenden, schwarzen Augen und spricht leise mit ihm.

Nach einer Weile kommt der Förster. Er untersucht das Reh. „Es ist nicht schlimm verletzt", sagt er. „Ich nehme es mit und pflege es ein bisschen. Dann kann es bald wieder springen." Er erklärt, dass das Tier zu der kleinen Herde Damwild gehört, die ganz in der Nähe bei ihm im Wald in einem Gehege lebt. Vorsichtig heben er und Papa das verletzte Reh ins Auto des Försters.

Papa schaut auf Timo. „Würde es Ihnen etwas ausmachen, wenn wir mit- kämen, um kurz die Rehe anzugucken?", fragt er den Förster.

Timos Herz beginnt schneller zu schlagen. Auf einmal ist er ganz aufgeregt.

Der Förster nimmt sie mit. Es ist wirklich nicht weit. Timo darf sogar in das

Gehege hinein. Ein kleines Reh kommt angesprungen und stupst den Förster mit seiner Schnauze an. Der lacht: „Das ist Ricky. Er ist ganz zahm und er hat immer Hunger. Er hat keine Mama, deswegen ziehe ich den Kleinen auf." Der Förster holt aus seiner Tasche eine Flasche mit einem Sauger obendrauf. „Möchtest du Ricky füttern?", fragt er. Und dann hilft er Timo, dem kleinen Reh die Milch zu geben.

Timo ist so glücklich, dass er vergisst zu sprechen.

Kurz darauf sitzt er wieder im Auto und sie fahren weiter.

„War das schön?", fragt Papa lächelnd.

„Ja!", strahlt Timo. Mehr kann er im Moment nicht sagen. Plötzlich fällt ihm etwas ein: *Obwohl ich nicht im Wildpark war, war ich ganz nah bei den Rehen!*

Papa hat wieder die CD eingeschaltet.

„... Wer hilft mir, auch wenn niemand helfen kann? Jesus! Wer gibt mir Hoffnung, wenn alles aus ist? Jesus! Jesus will ich glauben, ihm, der zu mir spricht: ‚Fürchte dich nicht, ich helfe dir, vertraue mir!' ..."

In seinem Herzen singt Timo mit.

Diesen Vers kannst du auswendig lernen:

Jesus sagt: „Fürchte dich nicht, glaube nur!" Markus 5,36

Das kannst du tun:

Kennst du ein Lied, in dem es darum geht, Jesus zu vertrauen? Dann sing es jetzt.

Wenn du keins kennst, dann denk dir dein eigenes ☺ aus zu dem Vers aus Markus 5.

Das habe ich erlebt:

Einmal war ich als Kind sehr krank. Wir lebten zu der Zeit mitten im Urwald und niemand konnte mir helfen. Meine Eltern haben immer wieder für mich gebetet, aber es wurde nicht besser, sondern schlimmer. Sie dachten, ich würde sterben. Aber sie haben weiter Jesus um seine Hilfe gebeten. Eines Tages hat er ihnen gezeigt, was sie tun sollten und dann wurde ich ganz schnell wieder gesund.

Biblische Geschichte nach Lukas 8,40-56

Timo spielt blind sein

Timo und Mama sind in der Stadt unterwegs. Es ist ziemlich voll. Da sehen sie einen Mann, der einen langen Stab mit einer Kugel vorne dran vor sich hin und her über den Boden schiebt. Er geht mitten auf dem Bürgersteig und alle machen ihm Platz. Mama und Timo auch. Als er an ihnen vorbeigeht, sieht Timo,

dass er um seinen Arm ein gelbes Stück Stoff mit drei großen schwarzen Punkten gebunden hat.

„Warum verscheucht der Mann alle mit seinem Stab?", will Timo wissen.

„Er verscheucht niemanden, er tastet mit der Kugel vorne am Stab den Boden ab, ob er da gehen kann. Er ist blind. Er kann nichts sehen. Oder zumindest nicht genug", erklärt Mama.

„So, wie wenn ich Blinde Kuh spiele?", fragt Timo.

„So, wie wenn du immer nur die blinde Kuh wärst und niemals das Tuch über deinen Augen abmachen könntest", sagt Mama.

Als sie wieder zu Hause sind, will Timo „blind" spielen. Er nimmt einen Regenschirm als Blindenstock und lässt sich von Mama die Augen verbinden. Dann geht er im Garten herum. Mama sitzt in der Zwischenzeit auf der Gartenbank und liest ein Buch.

Timo sucht mit seinem Blindenstab, wo der Sandkasten ist. Als er ihn gefunden hat, lässt er den Regenschirm fallen und klettert hinein. Er tastet nach einer Schaufel und gräbt ein bisschen. Aber er sieht nichts.

Er legt die Schaufel weg. „Mama?", ruft er.

„Ja! Ich bin noch da!", ruft Mama zurück.

Timo wendet den Kopf in die Richtung, aus der ihre Stimme kommt. Er hört die Vögel singen und riecht den Duft der Blumen. Aber vor seinen Augen ist es dunkel. Er nimmt die Augenbinde ab. Er will nicht mehr blind sein. Er will die Blumen *sehen* und die Vögel und den Sand. Und Mama. Er läuft zu ihr

und klettert neben sie auf die Bank.

„Blind sein ist nicht schön", sagt er.

Mama legt ihr Buch zur Seite. „Das dachte Bartimäus auch", lächelt sie und erzählt:

„In der heißen Sonne vor der Stadt Jericho sitzt ein Mann im Straßenstaub. Er hat sich seinen Mantel über den Kopf gehängt, um etwas Schatten zu haben. Seine Augen sind geschlossen. Aber er schläft nicht. Er hat die Augen zu, weil er sowieso nichts sieht. Er ist nämlich blind. Und so sitzt er hier und bettelt.

Der blinde Bettler vor Jericho heißt Bartimäus.

Während er dasitzt und wartet, dass jemand kommt, der ihm ein bisschen Geld schenkt, hört er, wie sich viele Stimmen nähern. *Eine große Menschenmenge muss unterwegs sein*, denkt er. ‚Hallo, kann mir jemand sagen, was hier los ist?‘, fragt er in die Luft.

‚Jesus von Nazareth kommt vorbei‘, sagen die Leute, die ihn hören.

Jesus von Nazareth? Das ist die Gelegenheit! Bartimäus holt tief Luft:

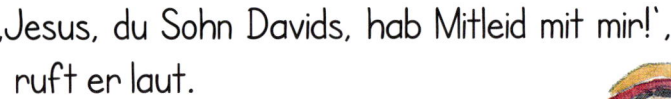

‚Jesus, du Sohn Davids, hab Mitleid mit mir!',
ruft er laut.

‚Pssst! Sei still!', schimpfen die Leute
ärgerlich.

Aber Bartimäus denkt nicht dran,
leise zu sein. Ganz im Gegenteil: Er ruft noch lauter:
‚Du Sohn Davids, hab Mitleid mit mir!'

Und Jesus bleibt stehen. Er sagt den Leuten, dass sie
Bartimäus zu ihm bringen sollen. Als Bartimäus das hört, wirft er seinen Mantel ab. Er springt auf und kommt zu Jesus.

‚Was soll ich für dich tun?', fragt Jesus ihn.

‚Meister', sagt Bartimäus - damit zeigt er, dass er Jesus
ehrt - dass ich wieder sehen kann.'

‚Geh deines Weges', sagt Jesus. ‚Dein Glaube hat dir geholfen.'

Und sofort kann Bartimäus sehen! Er sieht den blauen Himmel,
die vielen Menschen und … Jesus!

Die Zeit im Staub am Straßenrand ist vorbei. Jetzt geht Bartimäus mit Jesus."

„Warum hat Bartimäus Jesus ‚Sohn Davids' genannt?", fragt Timo. „Die Leute haben doch ‚Jesus von Nazareth' gesagt."

„Da hast du aber gut zugehört!", lobt Mama. Sie erklärt: „‚Sohn Davids' war der Name für den von Gott versprochenen Retter-König, auf den in Israel alle gewartet haben.  Bartimäus hatte sicher schon von Jesus gehört: Von den wunderbaren Dingen, die er getan hat, und dass er allen geholfen hat, die zu ihm gekommen sind. Und dass er gesagt hat, er wäre von Gott gekommen, um alle zu retten, die ihm vertrauen. Bartimäus hat sicher auch mitbekommen, dass manche trotz allem meinten, Jesus wäre ein böser Lügner. Aber Bartimäus glaubte etwas anderes.

Denn obwohl seine Augen erst noch nicht sehen konnten, konnte sein Herz sehen. In seinem Herzen wusste er: Jesus ist der von Gott versprochene Retter, der ihm helfen kann."

Timo kichert. Erstaunt guckt Mama ihn an. Sie weiß nicht, was Timo sich gerade vorstellt. „Ich bin gleich wieder da", sagt er und läuft ins Haus. Mama nimmt ihr Buch. Kurz darauf kommt Timo wieder nach draußen. Er hat ein Blatt Papier in der Hand, auf das er etwas gemalt hat. Er legt das Papier auf Mamas Buch. Ein großes, rotes Herz mit zwei hellwachen Augen sind darauf. „Das ist mein Herz", sagt er. „Es kann auch sehen. Ich weiß auch, dass Jesus der Retter von Gott ist und mir helfen kann."

Diesen Vers kannst du auswendig lernen:

Der blinde Bartimäus rief:

„Jesus, du Sohn Davids, erbarm dich über mich!" Markus 10,47

Das kannst du tun:

Male ein großes Herz auf ein Stück Papier. In das Herz male zwei offene Augen.

Kann dein Herz auch sehen?

Das habe ich erlebt:

Als ich fünf Jahre alt war, erzählte meine Mutti mir von Jesus: wer er ist und was er getan hat. Ich konnte ihn nicht sehen mit meinen Augen, aber mit meinem Herzen wollte ich an ihn glauben. Das tue ich bis heute.

Biblische Geschichte nach Markus 10,46-5

Timo und der Sturm

Timo liegt in seinem Bett. Papa hat ihm eine Geschichte von Jesus vorgelesen und sie haben Gute Nacht gesagt. Jetzt ist es Zeit zum Schlafen.

Papa geht hinaus und schaltet das Licht aus.

Timo macht die Augen zu. Er ist müde.

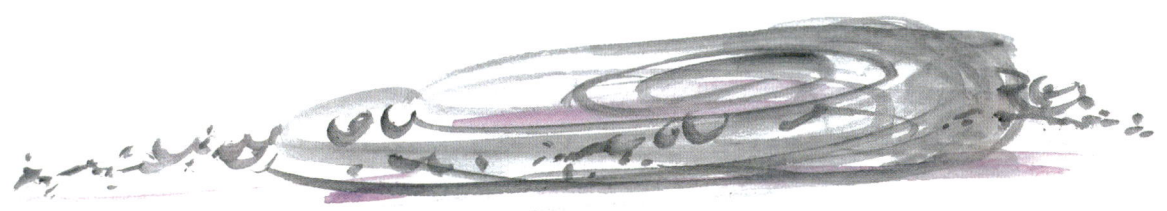

Da hört er, wie draußen der Wind rauscht. Das mag Timo nicht. Er versucht, sich die Ohren zuzuhalten, damit er den lauten Wind nicht hört. Erst klappt es ganz gut, aber dann wird es anstrengend, die Hände auf die Ohren zu drücken. Und schlafen kann er so auch nicht. Er nimmt die Hände herunter. Sofort hört er wieder den Sturm.

Vielleicht hört der Wind bald auf, denkt Timo und wartet.

Aber der Sturm wird immer stärker: Er pfeift ums Haus und heult über den Hof. Und da ist noch ein anderes Geräusch: Es klingt wie ein tiefes Knurren: Donner.

Ängstlich drückt Timo sich in sein Kissen.

Er zieht seine Bettdecke bis zu seiner Nase und horcht in die Dunkelheit.

Plötzlich ist es vor seinem Fenster ganz hell. Im nächsten Moment kracht es laut.

„Papa!", ruft Timo erschrocken. Sein Herz klopft ganz schnell.

Wieder scheint für einen Augenblick grelles Licht in sein Zimmer und wieder kracht es laut. Timo zieht die Decke über seinen Kopf und fängt an zu weinen. Er hat solche Angst. Da wird die Decke zurückgeschlagen. Timo sieht Papa an seinem Bett stehen.

„Es ist alles gut, Timo", sagt Papa beruhigend. „Das Gewitter tut dir nichts."

„Ich habe aber Angst!", weint Timo.

24

Papa nimmt ihn auf den Arm und hält ihn ganz fest. „Ist ja gut, Timo. Ich bleibe bei dir, bis das Gewitter vorbei ist", verspricht er. Er setzt sich an Timos Bett und hält ihn auf seinem Schoß. Timo beruhigt sich. Sein Herz hört auf, so schnell zu schlagen, und er muss nicht mehr weinen. Wieder kommt ein Donnerschlag, aber Timo spürt Papas starke Arme um sich herum und weiß, dass alles gut ist. Er gähnt. Das Heulen und das Pfeifen des Sturms machen ihm keine Angst mehr. Es dauert nicht lange, da ist er eingeschlafen.

Als es nicht mehr donnert und blitzt, legt Papa ihn vorsichtig zurück ins Bett und deckt ihn zu. Aber Timo schläft so fest, dass er das gar nicht merkt.

Am nächsten Tag sieht er, was der Sturm in der Nacht angerichtet hat: Von ein paar Dächern sind Ziegel weggeweht, Mülltonnen liegen auf der Seite und ein Baum ist umgestürzt, mitten auf die Straße.

Natürlich reden in Timos Kindergruppe alle von dem Sturm.

Jenne sagt: „Ich kenne eine Geschichte von einem Sturm." Und dann erzählt er, wie Jesus mit seinen Freunden in einem Boot auf einem See unterwegs ist und ein doller Sturm kommt.

Jenne kennt eine Geschichte von Jesus?, wundert sich Timo.

„Aber Jesus hat geschlafen", sagt Jenne. „Als seine Freunde ihn geweckt haben, hat er gemacht, dass der Sturm aufgehört hat."

„Das glaube ich nicht!", sagt Finn. „Man kann nicht einfach dem Sturm sagen, dass er aufhören soll. Und man kann nicht im Sturm schlafen." Er verschränkt die Arme vor der Brust. „Das ist nur ausgedacht. Ich war die ganze Zeit wach in der Nacht, als der Sturm da war."

Timo muss daran denken, wie Papa ihn festgehalten hat. „Ich glaube, dass die Geschichte stimmt", sagt er langsam. „Ich habe im Sturm geschlafen."

Finn sieht ihn zweifelnd und auch ein bisschen bewundernd an. „Hattest du keine Angst?", fragt er staunend.

Timo fühlt sich mutig. Er will gerade sagen: *Nein, ich hatte gar keine Angst!* Da fällt ihm ein, dass das nicht stimmt. „Erst doch", gibt er zu. „Aber dann ist mein Papa gekommen und hat mich festgehalten. Und dann hatte ich keine Angst mehr."

Jenne nickt. Er sieht froh aus. „Glaubst du jetzt, dass die Geschichte stimmt, Finn?"

Finn guckt zu Timo. Er zuckt die Schultern. „Vielleicht …"

Abends sagt Timo zu Mama: „Kannst du mir die Geschichte erzählen, wo Jesus im Sturm geschlafen hat?" Er will sie nochmal hören, aber von Mama. *Vielleicht hat Jenne nicht ganz richtig erzählt,* denkt er nämlich.

Doch Mama sagt das Gleiche wie Jenne, nur ein bisschen mehr:

„Jesus hat den Menschen von Gott erzählt. Weil es so viele waren und damit alle ihn gut hören konnten, hat er das von einem Boot auf dem See Genezareth aus getan. Nun ist es Abend.

‚Lasst uns über den See fahren`, sagt Jesus zu seinen Freunden. Im Boot ist Jesus ja schon, also schicken sie nur noch die Menschen nach Hause und fahren los. Andere Boote sind auch dabei.

Hinten im Boot, in dem Jesus ist, ist ein Kissen. Jesus legt sich darauf und schläft ein.

Da kommt ein schlimmer Sturm. Der heulende Wind macht aus dem glatten, ruhigen See einen wilden, gefährlichen See mit hohen Wellen. Sie werfen das Boot hin und her und schlagen hinein.

Die Freunde haben schreckliche Angst. Sie wecken Jesus auf: ‚Ist dir das ganz egal, dass wir ertrinken?`, schreien sie.

Jesus fragt seine Freunde, warum sie ihm so wenig vertrauen. Er sagt: ‚Ihr Kleingläubigen, warum seid ihr so ängstlich?`

Er steht auf und befiehlt streng dem Sturm und dem See, dass sie still sein sollen. Da hören Wind und Wellen auf und es wird ganz still.

‚Was ist das für ein Mann?', flüstern die Freunde. ‚Sogar der Wind und der See gehorchen ihm.'"

„Wollte Jesus nicht, dass seine Freunde ihn wecken?", fragt Timo. „War er ärgerlich darüber?"

„Nein, er war ganz bestimmt nicht ärgerlich", sagt Mama. „Aber er wollte nicht, dass sie denken, sie wären ihm nicht wichtig oder sogar egal. Er wollte, dass sie ihm vertrauen, auch im Sturm. Denn selbst der schlimmste Sturm ist nicht stärker als Jesus. Alles muss ihm gehorchen, weil er Gott ist."

Das will ich Finn sagen, denkt Timo, *damit er weiß, dass die Geschichte wirklich stimmt.*

Diesen Vers kannst du auswendig lernen:

> „Selbst Wind und Meer sind ihm gehorsam!" Markus 4,41

Das kannst du tun:

Falte aus einem DIN A4 Papier ein Boot. Ziehe es unten in der Mitte auseinander, damit es stehen kann. Fülle draußen Wasser in eine große Schüssel. (Du kannst die Schüssel auch in die Dusche stellen.) Setze dein Boot hinein. Mache mit deinen Händen Wellen. Gerät dein Boot „in große Gefahr"? Nun nimm deine Hände heraus. Was passiert?

Gibt es etwas, das dir Angst macht? Was ist es?

Du kannst es Jesus sagen und ihm danken, dass du ihm wichtig bist und er stärker ist als das, was dir Angst macht!

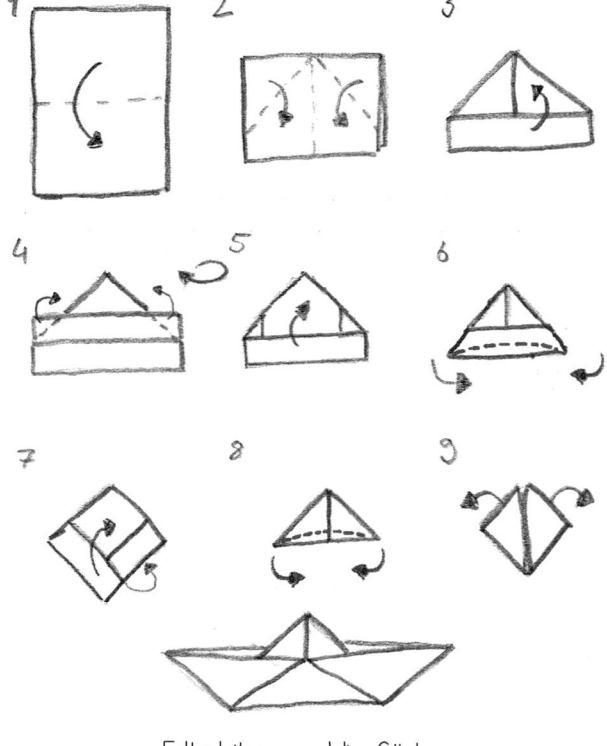

Faltanleitung von Julian Günter

Das habe ich erlebt:

Als Kind musste ich eine Zeit lang über einen großen, tiefen Fluss mit dem Boot zur Schule fahren. Weil so viele Menschen in dem kleinen Holzboot saßen, war das Wasser ganz dicht unter dem Rand. Wenn der Fluss glatt war, war das nicht schlimm, aber wenn ein Schnellboot kam, gab es Wellen. Ich bekam Angst. Da dachte ich daran, dass Jesus Wellen glatt machen kann und auf mich aufpasst. Das half mir, keine Angst zu haben.

Biblische Geschichte nach Matthäus 8,23-27; Markus 4,35-41; Lukas 8,22-25

Timo macht Popcorn

Timo hat in der Stadt ein Tütchen Maiskörner geschenkt bekommen. Es ist so klein, dass es in seine Hosentasche passt.

„Wofür ist das gut?", will er wissen.

„Für Popcorn", sagt Mama.

Als sie wieder zu Hause sind, will Timo gleich aus den Körnern Popcorn machen. Mama ist einverstanden.

Timo staunt: Auf einmal ist aus dem kleinen Tütchen ein großer Topf voll geworden! So viel kann Timo gar nicht essen.

„Da fällt mir eine Geschichte aus der Bibel ein, wo auch aus wenig viel wurde", sagt Mama. „Die erzähle ich dir heute Abend, wenn du im Bett liegst."

„Kannst du sie mir nicht jetzt schon erzählen?", bittet Timo. „Es passt doch so gut."

Mama lacht. „Na gut." Und dann erzählt sie:

„Bei Jesus und seinen Jüngern ist immer viel los - so viel, dass sie noch nicht einmal zum Essen kommen. Deswegen fährt er mit seinen Freunden an eine einsame Stelle, damit sie ein bisschen ausruhen können.

Als die Menschen das sehen, laufen sie zu Fuß dorthin, und als Jesus und seine Freunde aus dem Boot aussteigen, ist da bereits eine riesige Menschenmenge - Männer, Frauen und Kinder. Tausende sind gekommen. Aber Jesus schickt sie nicht weg. Er hat Mitleid mit ihnen und erzählt ihnen den ganzen Tag von Gott. Dann ist es Abend.

‚Schick die Leute fort, damit sie in die umliegenden Dörfer gehen und sich etwas zu essen kaufen können‘, sagen seine Jünger.

‚Es ist nicht nötig, dass sie fortgehen‘, antwortet Jesus. ‚Gebt ihr ihnen zu essen.‘ Er schaut Philippus an und fragt ihn: ‚Wo bekommen wir Essen für all diese Menschen her?‘ Das sagt Jesus aber nur, um seinen Freund zu testen. Er weiß schon, was er tun wird. Philippus und auch die anderen können sich nicht vorstellen, wie das gehen soll, dass sie so eine riesige Menschenmenge satt bekommen.

‚Selbst wenn wir so viel Geld ausgeben würden, wie man in acht Monaten verdient, würde es nur für einen kleinen Bissen für jeden reichen!‘, meint Philippus.

Da meldet sich Andreas, ein anderer Freund von Jesus: ‚Hier ist ein Junge.

Er hat fünf Brote und zwei Fische. Aber was ist das schon für sooo viele?‘

Jesus stört das nicht, dass es nicht mehr Essen gibt. Er ordnet an, dass die Menschen sich in Gruppen ins Gras setzen sollen. Danach nimmt er die fünf Brote und die zwei Fische und dankt Gott dafür. Und dann beginnt er, sie an seine zwölf Freunde auszuteilen, damit sie sie an die Menschen verteilen. Er gibt und gibt und seine Freunde verteilen und verteilen, immer mehr. So lange, bis fünftausend Männer und all die Frauen und Kinder so viel haben, wie sie wollen!

Als alle satt sind, sagt er seinen Freunden, dass sie die Reste einsammeln sollen, damit nichts einfach wegkommt. Sie tun das und stellen fest: Es sind zwölf Körbe voll mit Essen übrig."

„Das ist ja wirklich so wie bei uns mit dem Popcorn!", staunt Timo. „Wir haben auch noch was übrig."

„Du könntest den Rest morgen mit in die Kindergruppe nehmen", schlägt Mama vor.

„Au ja! Dann freuen sich alle!", ruft Timo begeistert.

Zusammen packen sie das Popcorn in Tüten - für jeden in Timos Gruppe eine. Dabei denkt er weiter an die Geschichte, die Mama ihm gerade erzählt hat. Ihm fällt etwas ein: „Warum hat der Freund von Jesus gesagt, dass sie Essen kaufen sollen?"

„Philippus? Ich glaube, er hat einfach nicht daran gedacht, dass Jesus schon längst wusste, was er tun würde. Aber Jesus weiß immer, was er tun wird, egal, was für ein Problem es gibt."

„Das ist gut, dass Jesus immer weiß, was er tun wird", sagt Timo.

„Ja, das finde ich auch", stimmt Mama zu.

Als Timo am nächsten Tag in seinen Gruppenraum kommt, ist es dort sehr voll. Zehn Kinder aus einer anderen Gruppe sind heute mit bei ihnen, weil die Erzieherinnen aus dieser anderen Gruppe krank geworden sind. Gut, dass sie nach dem Früh-stück alle rausgehen können.

Aber vorher darf Timo sein Popcorn verteilen. Er geht an die Garderobe und holt die große Ta-sche mit den Tüten, die er und Mama gestern eingepackt haben.

Als er wieder in den Raum kommt, bleibt er plötzlich stehen. *Ich habe ja viel zu wenig Tüten!*, denkt er erschrocken. Was soll er tun? Die Tasche wieder nach draußen bringen? Frau Burkhardt bitten, dass sie Mama anruft, damit sie schnell noch Popcorn macht, es einpackt und herbringt?

„Was ist in der Tasche?", ruft Jenne da.

„Popcorn", sagt Timo.

„Oh, lecker! Ich mag Popcorn!"

„Ich auch!"

„Und ich auch!"

„Hurra, es gibt Popcorn!"

Auf einmal muss Timo an die Geschichte von den fünf Broten und zwei Fischen denken. *„Jesus weiß bei jedem Problem, was er tun wird" hat Mama gesagt,* fällt es ihm ein.

Jesus, bitte mach, dass es reicht, betet er still in seinem Herzen, und dann beginnt er auszuteilen. Eine Tüte für Jenne, eine für Mia, eine für Finn, eine für Paula ... Er teilt aus und teilt aus. Und als er fertig ist, stellt er fest, dass seine Tüten gereicht haben. Leise sagt er Danke zu Jesus.

Diesen Vers kannst du auswendig lernen:

"Er selbst wusste, was er tun wollte." Johannes 6,6

Das kannst du tun:

Male fünf Brote und zwei Fische und schneide sie aus. Sage den Vers aus Johannes 6 und lege bei jedem Wort, das du sagst, ein Brot oder einen Fisch hin.

Das kannst du jedes Mal tun, wenn es ein Problem gibt, und dich daran erinnern, dass Jesus immer schon weiß, was er tun wird. Auch jetzt.

Das hat Rebecca bei uns in der Kinderstunde erlebt:

Sie hatte 15 Tüten Popcorn, aber es waren 30 Kinder da. Sollte sie die Tüten unbemerkt wieder mit nach Hause nehmen und ein anderes Mal verteilen, wenn weniger Kinder da wären? Aber irgendwie fand sie das keine so gute Idee.
„Jesus, bitte mach, dass es reicht!", betete sie und beschloss, die Tüten einfach zu verteilen. Und es hat gereicht.

Biblische Geschichte nach Matthäus 14,13-21; Markus 6,32-44; Lukas 9,10-17; Johannes 6,1-13

Timo tut das Wichtigste

Weil Mama beim Elternabend ist, bringt Papa Timo ins Bett.

Aber Timo will noch nicht schlafen gehen. Er will lieber weiter seine Bauklötze sortieren. Das macht er gerne: alle roten Steine zusammen, alle grünen, alle blauen …

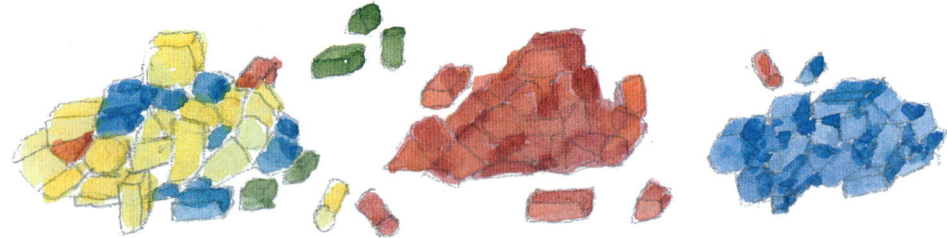

Er hat eine Idee: Wenn Papa ihm keine Geschichte von Jesus erzählt, hat er Zeit gespart. Dann kann er noch ein bisschen länger die Bauklötze sortieren.

„Papa, du musst mir heute nichts von Jesus erzählen. Ich räume lieber noch weiter auf. Das ist wichtiger."

„Wichtiger, als von Jesus zu hören?", fragt Papa erstaunt.

„Ja, dann ist alles wieder schön ordentlich. Ich habe noch sooo viel zu tun …"

Papa sieht ihn einen Moment an. „Das hat Marta aus der Bibel auch gedacht", sagt er langsam.

„Hat sie auch Bauklötze sortiert?", fragt Timo erstaunt. „Die Geschichte kenne ich noch gar nicht."

„Nein, aber trotzdem ging es ihr ganz ähnlich."

Nun ist Timo neugierig. Schnell schlüpft er ins Bett. Papa nimmt das Buch mit den Geschichten von Jesus aus dem Regal und setzt sich zu ihm ...

„In dem Dorf Betanien leben Marta, Maria und Lazarus. Sie sind Geschwister. Eines Tages kommt Marta ganz aufgeregt ins Haus gerannt: ‚Schnell, Maria, hilf mir!', ruft sie außer Atem.

‚Was ist denn los?', fragt ihre Schwester verwundert.

‚Jesus kommt!'

‚Zu uns?', fragt Maria ungläubig.

‚Ja! Ich hab gesagt, wir können ihn aufnehmen. Mit seinen Freunden. Nun steh schon auf! Wir müssen alles schön machen, und wir müssen kochen. Beeil dich!'

Marias Herz beginnt, schneller zu schlagen. *Jesus kommt!,* denkt sie glücklich. *Was kann es Schöneres geben!* Sie tut, was Marta sagt.

Dann ist Jesus da. Und alle seine Freunde auch. Maria kann verstehen, dass Marta gestresst ist. Bis so viele Männer satt sind, gibt es viel zu tun …

Jesus setzt sich hin, und schon bald spricht er mit Lazarus und seinen Freunden über Gott. Er redet so ganz anders als der Pharisäer Simon, der ein paar Straßen weiter wohnt. Schnell stellt Maria die Schüssel, die sie in der Hand hat, auf den Tisch. Dann setzt sie sich zu Jesus an die Füße, um ihm zuzuhören. Jesus schickt sie nicht weg. Obwohl sie viele Dinge getan hat, die ihr jetzt leidtun. Sie spürt die Kraft in seinen Worten und eine tiefe Liebe - zu allen Menschen, nicht nur zu den guten, sondern auch zu den schlechten. So wie sie. Ganz aufmerksam hört Maria zu. Jedes Wort nimmt sie mit ihrem Herzen auf. Sie merkt gar nicht, wie Marta die ganze Zeit herumläuft, die Gäste bedient, Schüsseln auffüllt und neue Brotfladen bäckt - erst, als ihre Schwester vorwurfsvoll und ärgerlich zu Jesus sagt: ‚Herr, ist dir das ganz egal, dass meine Schwester mich alles alleine machen lässt? Sag ihr doch, dass sie mir helfen soll!'

Maria bekommt einen roten Kopf. Schuldbewusst springt sie auf.

Da sagt Jesus: ‚Marta, Marta, du hast viel Sorge und Mühe.

Eins aber ist nötig. Maria hat das Bessere gewählt; das soll ihr nicht genommen werden.‘"

„War es denn schlecht, dass Marta für Jesus kochen wollte?", wundert sich Timo.

„Nein, es war nicht schlecht. Aber sie hat darüber das Wichtigste vergessen: ganz nah bei Jesus zu sein und auf Gott zu hören", erklärt Papa. „Er ist der Beste und der Wichtigste. Wir brauchen seine Worte unbedingt für unser Leben. Auf ihn zu hören, ist wichtiger als alles andere."

„Noch wichtiger als Bauklötze sortieren", stellt Timo fest. „Es ist gut, dass du mir die Geschichte von Maria und Marta erzählt hast. Jetzt weiß ich Bescheid."

Eine Weile später kündigt Tante Erna ihren Besuch an. Papa mäht nach dem Abendessen den Rasen und repariert die Gartenbank, und Mama putzt schon den ganzen Nachmittag. Als es Zeit ist, Timo ins Bett zu bringen, ist sie immer noch nicht fertig. Sie betet für ihn und gibt ihm einen Gute-Nacht-Kuss. Dann steht sie auf.

„Du hast mir noch nichts aus der Bibel erzählt", erinnert Timo sie.

„Das lassen wir heute Abend", sagt Mama. „Ich muss noch zu Ende putzen. Das ist heute mal wichtiger."

Timo schüttelt langsam den Kopf. „Es ist am wichtigsten, auf Gott zu hören, so wie Maria", sagt er.

„Welche Maria?", fragt Mama verwundert.

„Die von Marta. Die bei Jesus gesessen hat", erklärt Timo. Ob Mama die Geschichte nicht kennt?

Er will gerade anfangen, sie ihr zu erzählen, da nickt sie.

„Ach so, jetzt weiß ich, wen du meinst." Sie atmet einmal tief ein und aus. Dann lächelt sie ein bisschen. „Du hast recht, Timo. Danke, dass du mich daran erinnerst." Sie setzt sich wieder hin. Und dann erzählt sie Timo von Jesus. Weil er der Beste und der Wichtigste ist.

Vielleicht kann Tante Erna mir morgen eine Geschichte von Jesus vorlesen, denkt Timo, bevor er einschläft.

Am nächsten Tag kommt Tante Erna. Sie essen alle zusammen Kuchen, die Erwachsenen trinken dazu Kaffee und Tante Erna unterhält sich mit Mama und Papa. Timo sitzt dabei, das Buch von Jesus neben sich. Dann will Tante Erna sich alle Zimmer und den Garten angucken. Sie steht auf und geht nach draußen.

Timo befürchtet, dass danach keine Zeit mehr sein wird für das Jesus-Buch. Er zupft Tante Erna an der Jacke. „Machst du vorher mit mir das Wichtigste?", fragt er.

Tante Erna denkt erst, er müsste zur Toilette, aber Timo hält ihr das Buch hin. „Kannst du mir erst eine Geschichte von Jesus vorlesen?", fragt er.

„Hä hm", räuspert sich Tante Erna.

Während sie noch überlegt, nimmt Timo sie an der Hand und zieht sie zu der Gartenbank. Er klettert hinauf und schaut Tante Erna erwartungsvoll an.

„Hä hm", macht sie noch einmal. Dann setzt sie sich neben ihn.

Papa sieht Mama an und nimmt sich einen der Gartenstühle. Da setzt sich Mama ebenfalls.

Tante Erna schlägt das Buch auf. „Welche Geschichte möchtest du denn hören?", fragt sie.

„Die, wo Maria das Wichtigste tut", sagt Timo.

Papa hilft Tante Erna, die Geschichte zu finden. Dann liest sie vor. Alle hören aufmerksam zu. Als die Geschichte zu Ende ist, nickt Tante Erna langsam. „Maria hat das Wichtigste getan", sagt sie. Dann liest sie noch eine Geschichte. Und noch eine. Sie vergisst ganz, dass sie ja alles angucken wollte. Vielleicht ist es ihr auch nicht mehr so wichtig.

Diesen Vers kannst du auswendig lernen:

> ## Jesus sagt: „Eins aber ist nötig. Maria hat das Bessere erwählt." Lukas 10,42

Das kannst du tun:

Bitte jemanden, dir eine Geschichte vorzulesen. Nimm dir in der Zwischenzeit einen Topf und einen Kochlöffel. Lauf damit hin und her und rühre dabei kräftig mit dem Kochlöffel im Topf herum. Verstehst du noch etwas von der Geschichte? Jetzt weißt du ein bisschen, wie es Marta damals ging.
Stelle nun den Topf weg und setz dich zu der Person, die dir vorliest.
Jetzt kannst du alles gut hören, so wie Maria, als sie ganz dicht bei Jesus saß.

Das habe ich erlebt:

Morgens lese ich immer in meiner Bibel. An Tagen, an denen ich besonders viel zu tun habe, denke ich manchmal: „Wenn ich jetzt nicht erst noch in der Bibel lesen würde, könnte ich mehr schaffen." Aber dann erinnere ich mich daran, dass Maria bei Jesus saß, um ihm zuzuhören und dass er sagte, dass es das ist, worauf es ankommt. Ich weiß, das ist noch viel wichtiger, als viel zu schaffen, und ich entscheide mich, Zeit mit Jesus zu verbringen.
Dabei erlebe ich immer wieder, dass ich danach umso besser arbeiten kann.

Biblische Geschichte nach Lukas 10,38-42

Timo und das Geschenk für Frau Burkhardt

Timo möchte Frau Burkhardt, seiner Erzieherin aus der Kindergruppe, et-was schenken, weil er sie so gernhat. Deswegen hat er ein schönes Bild ge-malt: viele bunte Luftballons. Er hat sich viel Mühe gegeben und für jeden Ballon eine andere Farbe genommen.

Nun lässt er sich von Mama Geschenkpapier geben und zusammen packen sie das Bild ein. Dann bittet Timo Mama, außen „Für Frau Burkhardt von …" zu schreiben. Er selbst schreibt noch „Timo" dazu.

Am nächsten Tag legt er das Geschenk auf Frau Burkhardts Platz. Dann geht er in die Kaufladen-Ecke. Er tut so, als würde er spielen, aber er beobachtet Frau Burkhardt. Jetzt hat sie das Geschenk entdeckt. Sie packt es aus und legt das Bild zur Seite.

Timo wartet, dass Frau Burkhardt zu ihm kommt und sich bedankt, aber sie kommt nicht. Stattdessen holt sie schon mal für alle, die basteln wollen, Schere, Kleber und buntes Papier aus dem Schrank .

Timo will nicht basteln, aber er setzt sich trotzdem an den Tisch. Er wartet darauf, dass Frau Burkhardt etwas zu seinem Geschenk sagt.

Aber sie sagt nichts. Nicht beim Basteln und auch nicht später. *Es gefällt ihr bestimmt nicht,* denkt Timo traurig. Dabei hat er sich doch solche Mühe gegeben. Am liebsten will er sein schönes Bild wieder mit nach Hause nehmen.

„Hat Frau Burkhardt sich über dein Geschenk gefreut?", fragt Mama abends.

„Nein", sagt Timo leise. Er lässt den Kopf hängen.

„Nein?", fragt Mama ungläubig.

„Sie hat nichts gesagt. Noch nicht einmal ‚Danke`", erzählt Timo traurig.

„Ich kann verstehen, dass du enttäuscht bist", nickt Mama. „Du hast dir solche Mühe gegeben!" Sie überlegt kurz. „Mir fällt etwas ein, das Jesus mal passiert ist, etwas ganz Ähnliches ..." Und dann erzählt sie:

„Jesus ist unterwegs. Als er in ein Dorf kommt, nähern sich zehn Männer. Sie haben eine sehr schlimme, ansteckende Hautkrankheit.

Deswegen bleiben sie in einiger Entfernung stehen. Sie rufen: ‚Jesus, lieber Meister, hab Mitleid mit uns!‘

Jesus sagt nur einen Satz: ‚Geht und zeigt euch den Priestern!‘

Gott hatte nämlich bestimmt, dass früher in Israel die Priester entscheiden sollten, wann jemand von einer Hautkrankheit geheilt war. Die Männer machen sich auf den Weg. Während sie unterwegs sind, merken sie auf einmal: ‚Unsere Haut ist wieder gesund!'

Einer von ihnen, ein Fremder, der eigentlich gar nicht aus dem Volk Israel ist, läuft sofort zurück. Schon von weitem kann man ihn hören, denn laut lobt er Gott für dieses Wunder. Als er bei Jesus ankommt, wirft er sich überwältigt vor seinen Füßen zu Boden und bedankt sich.

‚Sind nicht alle zehn gesund geworden?', fragt Jesus. ‚Wo sind die andern neun? Gibt nur dieser eine Mann, ein Fremder, Gott die Ehre?' Zu diesem einen aber sagt er: ‚Steh auf und geh deines Weges. Dein Glaube hat dir geholfen.'

„Es ist gut, dass er sich bedankt hat", sagt Timo. „Die anderen sind wie Frau Burkhardt. Es ist schlecht, dass sie sich nicht bedankt haben."

„Ja, da hast du recht", stimmt Mama zu. „Es ist wichtig, dass wir uns bedanken - bei den Menschen, aber vor allem bei Gott. Oft vergessen wir das."

„Ich vergesse das nicht", sagt Timo schnell. „Ich danke ihm immer für mein Essen."

„Das ist gut", lächelt Mama. „Aber er schenkt dir noch viel mehr. Hast du ihm schon mal dafür gedankt, dass es morgens hell wird, zum Beispiel?"

Timo schaut sie überrascht an. „Nein."

„Und hast du ihm heute schon dafür gedankt, dass er dich liebhat?", fragt Mama weiter.

„Nein", gibt Timo zu. „Daran habe ich nicht gedacht."

„Oder stell dir vor, du hättest kein Bett, in dem du schlafen könntest."

Timo kuschelt sich in sein Kissen. „Dann will ich ihm jetzt gleich dafür danken", sagt er. „Danke, Herr Jesus, für mein schönes Bett und für Mama und für Papa und dass du mich liebhast ..." Er dankt, bis er eingeschlafen ist.

In seiner Kindergruppe am nächsten Tag überlegt Timo, ob er Frau Burkhardt die Geschichte von den zehn Männern erzählen soll. Vielleicht weiß sie nicht, dass es wichtig ist, sich zu bedanken.

Da kommt sie auf ihn zu. „Timo, ich habe mich noch gar nicht bei dir für das Luftballon-Bild bedankt. Das tut mir leid", sagt sie. „Es ist wunderschön. So viele bunte Farben! Ich habe mich sehr gefreut. Vielen Dank!"

Timo ist sehr froh, dass Frau Burkhardt sich doch über sein Bild freut. „Das ist schön, dass du dich bedankst", sagt er. „Die Männer, die Jesus gesund gemacht hat, haben sich nicht bedankt. Nur einer."

„Möchtest du die Geschichte gleich im Stuhlkreis erzählen?", fragt Frau Burkhardt. Timo nickt.

Alle hören aufmerksam zu, als er erzählt.

„Ich danke Gott für mein Essen", sagt Finn, als Timo fertig ist.

„Und ich für meinen Hund", sagt Mia.

Jeder sagt etwas.

„Ich danke Gott für die Farben", sagt Frau Burkhardt. Dabei schaut sie Timo an und lächelt ihm zu.

Diesen Vers kannst du auswendig lernen:

> „Danket dem HERRN; denn er ist freundlich." Psalm 107,1

Das kannst du tun:

Suche dir jemanden, mit dem du zusammen Gott danken möchtest. Abwechselnd könnt ihr nun alles sagen, was euch einfällt.

Falls dir nichts einfallen sollte, kannst du Gott immer für eine Sache danken: dass er dich so sehr liebt!

Das habe ich erlebt:

Manchmal haben wir bei uns zu Hause schlechte Stimmung und denken nicht mehr daran, dass Gott uns so viel Gutes schenkt. Wir machen dann eine Dankesrunde: Reihum sagt jeder drei Sachen, für die er Gott dankbar ist. Bevor wir damit fertig sind, Gott für alles zu danken, was er uns schenkt, ist die schlechte Laune weg.

Biblische Geschichte nach Lukas 17,11-19

Timo kommt mit ins Krankenhaus

Mama muss einen Besuch im Krankenhaus machen. Weil niemand Zeit hat, auf Timo aufzupassen, kommt er mit.

Er staunt über die langen Flure. „Hier können die Leute schön rumrennen", sagt er und will sofort losflitzen.

„Im Krankenhaus rennt man nicht herum", sagt Mama schnell und hält Timos Hand ganz fest.

„Das ist aber schade", findet Timo.

Mama klopft an eine Tür. In dem Zimmer, in das sie gehen, stehen drei Betten. In jedem Bett liegt jemand, der krank ist. Niemand dieser Menschen sieht aus, als könnte er über den Flur rennen, stellt Timo fest.

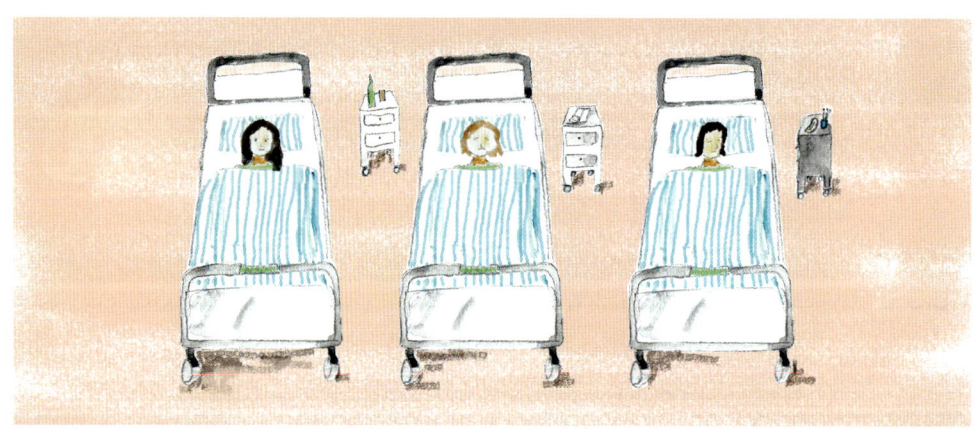

Er ist froh, als sie wieder zu Hause sind. So viele kranke Leute, das findet er nicht schön.

„Es ist besser, wenn man rumrennen kann", sagt er.

„Das hat der Gelähmte, der von seinen Freunden zu Jesus gebracht wurde, auch gedacht", nickt Mama.

„Was ist ‚gelähmt'?", will Timo wissen.

„Das bedeutet, dass man sich nicht bewegen kann", erklärt Mama.

„Kann man dann nicht rumrennen?", fragt Timo.

„Nein, man kann nicht rumrennen und viele andere Dinge kann man auch nicht. Man braucht immer Hilfe von anderen." Und dann erzählt Mama ...

„Jesus ist in einem Haus und erklärt den Menschen wichtige Dinge über Gott. Sehr viele Leute sind gekommen, auch viele Pharisäer und Schriftgelehrte, teilweise von weit her. Sie drängen sich in das Haus und sogar draußen vor der Tür. Es ist so voll, dass man nicht mehr hineinkommt.

Da nähern sich noch mehr Menschen: vier Männer, die einen Gelähmten auf einer Matte zu Jesus bringen wollen. Sie versuchen, mit dem Mann ins Haus zu gelangen, aber es ist so voll, dass sie nicht zu Jesus können. Was nun? Wieder nach Hause gehen? Warten, bis Jesus irgendwann herauskommt? Sie haben eine bessere Idee: An der Hauswand sind nämlich Stufen, die auf das flache Dach führen. Die vier Männer tragen den Gelähmten die Stufen hoch. Dann fangen sie an, die Dachziegel abzudecken, bis sie ein Loch haben, durch das der Kranke hindurchpasst. Mit seiner Schlafmatte lassen sie ihn hinunter, direkt vor Jesus.

Als Jesus ihr Vertrauen sieht, sagt er zu dem Gelähmten: ‚Freund, deine Sünden sind dir vergeben.‘

Die Pharisäer hören das und ärgern sich. *So etwas darf Jesus nicht sagen! Nur Gott kann Sünden vergeben!*, denken sie.

Jesus merkt ihre Gedanken. Um ihnen zu zeigen, dass er so etwas sagen darf, weil er wirklich Sünden vergeben kann, sagt er zu dem Gelähmten: ‚Ich sage dir, steh auf, nimm deine Matte und geh heim!‘

Sofort steht der Mann auf, vor allen Leuten! Er nimmt die Matte, auf der er gelegen hat, geht nach Hause und preist Gott."

„Ich bin froh, dass ich nicht gelähmt bin", meint Timo.

„Ich auch!", nickt Mama.

Timo denkt an die Frauen, die sie besucht haben. „Sind die auch gelähmt?", fragt er.

„Nein, aber sie können trotzdem nicht rumrennen."

„Gibt es viele Krankheiten?", will Timo wissen.

„Oh ja, sehr viele!", sagt Mama.

„Welche ist die schlimmste?", fragt Timo.

Mama überlegt kurz. „Die schlimmste", sagt sie langsam, „ist die Sünden-Krankheit."

„Ist sie noch schlimmer als gelähmt sein?", will Timo wissen.

„Ja, noch viel schlimmer. Sie ist so schlimm, weil sie die Menschen von Gott trennt. Sie macht, dass man böse Dinge sagt und tut. Man sieht sie oft nicht sofort. Aber Gott sagt, dass jeder sie hat."

„Ich auch?", fragt Timo beunruhigt.

„Ja, du und ich und Papa - jeder."

„Und was macht man da?", fragt Timo. So eine schlimme Sünden-Krankheit will er nicht haben.

„Das, was der Gelähmte auch gemacht hat", sagt Mama. „Jesus glauben, dass er dir helfen kann."

Timo schaut nach oben zur Zimmerdecke. „Aber ich kann doch nicht durch das Dach kommen! Und Jesus ist ja auch nicht da."

Mama lächelt. „Doch, Jesus ist da. Hier bei uns im Zimmer, auch wenn wir ihn nicht sehen können."

„Vergibt er mir auch die Sünden?", will Timo wissen.

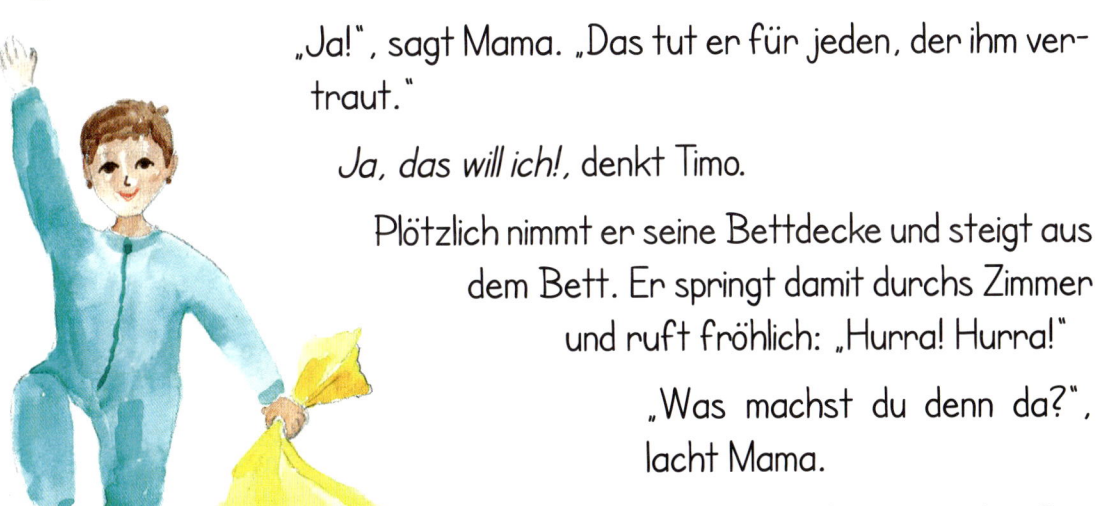

„Ja!", sagt Mama. „Das tut er für jeden, der ihm vertraut."

Ja, das will ich!, denkt Timo.

Plötzlich nimmt er seine Bettdecke und steigt aus dem Bett. Er springt damit durchs Zimmer und ruft fröhlich: „Hurra! Hurra!"

„Was machst du denn da?", lacht Mama.

„Ich preise Gott, wie der Gelähmte!", strahlt Timo.

Diesen Vers kannst du auswendig lernen:

Jesus sagt: „Freund, deine Sünden sind dir vergeben."
Lukas 5,20

Das kannst du tun:

Nimm dir ein Handtuch und lege ein Kuscheltier darauf. Trage nun mit jemand anderem zusammen das Kuscheltier herum. Wenn ihr es schafft, dass es nicht herausfällt, könnt ihr das Ganze schwieriger machen: Ihr könnt versuchen, mit dem Kuscheltier auf dem Handtuch zu rennen, über ein Hindernis zu steigen oder eine Treppe hinaufzugehen.

Das habe ich erlebt:

Als ich schon erwachsen war, wurde ich immer wieder krank. Einmal war es besonders schlimm, und obwohl ich Medizin bekam, wurde es nicht besser. Ich betete so sehr, dass Jesus mich gesund macht, aber es wurde schlimmer.

„Warum soll ich Jesus weiter vertrauen, wenn er nicht für mich tut, worum ich ihn bitte?", dachte ich enttäuscht und ärgerlich. Von diesen Gedanken ging es mir auch nicht besser. Außerdem überlegte ich: „Was nützt es mir, wenn ich Jesus NICHT vertraue? Und überhaupt: Wenn ich Jesus nicht vertraue, wem soll ich denn dann vertrauen?

Er hat mich doch von der schlimmsten Krankheit, der Sünden-Krankheit, gesund gemacht, damit ich eines Tages bei ihm im Himmel sein kann. Das ist viel wichtiger, als dass er meine Wünsche erfüllt." Und ich beschloss, ihm weiter zu vertrauen. „Jesus, bitte hilf mir, dir zu vertrauen, auch wenn du es anders machst, als ich es mir wünsche", betete ich. Da verschwand der Ärger. Ich war immer noch krank, aber in meinem Herzen ging es mir wieder besser.

Eine Weile später wurde ich wieder gesund. Dafür war ich Jesus sehr dankbar. Aber mindestens genauso dankbar bin ich ihm, dass er mir bis heute geholfen hat, ihm weiter zu vertrauen.

Biblische Geschichte nach Matthäus 9,1-8; Markus 2,1-12; Lukas 5,17-25

Timo und das Licht

Timo ist mit Finn und Mia im Sandkasten. Sie bauen eine Burg. Finn gähnt. Dabei reißt er seinen Mund ganz weit auf. Er gähnt und gähnt, fast die ganze Zeit. Er kann gar nicht richtig bauen.

„Warum gähnst du so viel?", fragt Mia.

„Ich war wach in der Nacht", sagt Finn.

„Warum?", will Timo wissen.

„Ich dachte, mein Sitzsack wäre ein Monster", antwortet Finn und gähnt schon wieder. „Und meine Lampe auch. Ein fliegendes Monster. Und mein Schal auf dem Fußboden eine Monsterschlange." Finn stochert mit seiner Schaufel im Sand herum. „Ich konnte gar nicht schlafen."

Mia runzelt die Stirn. „Warum hast du nicht einfach das Licht angemacht?"

„Och, ich wollte lieber denken, dass in meinem Zimmer lauter Monster sind", sagt Finn und gähnt nochmal.

„Das ist komisch", sagt Mia.

Finn zuckt die Schultern. „Ich gehe schlafen", sagt er,

steht auf und läuft zur Netzschaukel. Er legt sich hinein.

Gut, dass es hell ist, denkt Timo. *Sonst würde er bestimmt nicht schlafen. Im Dunkeln sieht der Busch dort drüben ganz bestimmt aus wie ein Monster …*

„Nicht das Licht anmachen, wenn man etwas sehen will, ist komisch", sagt Mia.

„Finn wollte ja gar nicht sehen", meint Timo.

„Das ist auch komisch", sagt Mia.

Timo nickt. „Sehr komisch!" Sie bauen weiter ihre Burg.

Als Mama mittags Timo abholt, erzählt er von Finn: „Er dachte, die Sachen in seinem Zimmer sind Monster. Aber er wollte nicht das Licht anmachen."

„Und warum nicht?", fragt Mama verwundert.

„Er wollte lieber denken, sie wären Monster. Das ist komisch", sagt Timo.

Mama sieht ihn einen Moment an. „So ähnlich wie Finn haben die Pharisäer damals bei Jesus gedacht", sagt sie. Und dann erzählt sie:

„Während Jesus unterwegs ist, sieht er einen Mann, der von Geburt an blind ist. Seine Freunde, die bei ihm sind, denken, Gott hätte die Blindheit als Strafe für etwas geschickt. Sie fragen: ‚Wer ist schuld daran, dass der Mann blind ist? Er selbst oder seine Eltern?'

‚Weder er noch seine Eltern', antwortet Jesus.

‚Sondern an ihm wird Gott zeigen, was er Wunderbares tun kann.' Er erklärt ihnen, dass Gott ihn deswegen geschickt hat und dass er das Licht der Welt ist."

„Hatte Jesus eine helle Taschenlampe dabei?", wundert sich Timo.

Mama lächelt. „Nein. Aber so wie Licht es hell macht, damit man alles erkennen kann, so hat Jesus den Menschen gezeigt, wie Gott ist."

Timo nickt und Mama erzählt weiter: „Als Jesus das mit dem Licht der Welt gesagt hat, spuckt er auf die Erde und macht einen Brei. Den Brei streicht er auf die Augen des Blinden und sagt ihm, er soll sich im Teich Siloah waschen, dort in der Nähe.

Als Blinder geht der Mann zum Teich, tut, was Jesus sagt, und ... kommt sehend zurück!

Die Nachbarn und alle, die ihn früher als blinden Bettler gekannt haben, können kaum glauben, was hier passiert ist.

‚Das ist er nicht‘, meinen einige. ‚Er sieht ihm nur ähnlich.‘

‚Doch, ich bin das!‘, sagt der Mann.

‚Wieso kannst du auf einmal sehen?‘, fragen sie völlig verwundert.

‚Der Mann, der Jesus heißt, hat einen Brei gemacht und auf meine Augen gestrichen. Dann hat er gesagt: Geh zum Teich Siloah und wasch dich! Ich bin dahin gegangen, hab mich gewaschen und jetzt kann ich sehen.‘

‚Wo ist er?‘, wollen die Leute wissen.

Der Mann schaut sich um. ‚Ich weiß es nicht‘, sagt er.

Die Pharisäer erfahren davon und fragen den Mann, wie das passiert ist. Er erzählt es ihnen. Aber statt sich mit ihm zu freuen, fangen ein paar von ihnen an zu schimpfen: ‚Heute ist Sabbat. Da muss man ausruhen. Da darf Jesus so etwas nicht tun! Er ist ein böser Mensch!'

Andere sagen: ‚Aber wie kann jemand, der böse ist, solche Wunder tun?'

Sie wenden sich wieder an den Mann, den Jesus gesund gemacht hat: ‚Was sagst du denn über ihn? Dich hat er ja schließlich sehend gemacht.'

‚Er ist ein Prophet', sagt der Mann - also jemand, der in Gottes Auftrag Dinge sagt und tut.

Die Pharisäer wollen nicht glauben, dass Jesus wirklich einen Mann, der von Geburt an

blind war, geheilt hat. Denn das würde bedeuten, dass er der von Gott versprochene Retter-König ist. Und das passt ihnen gar nicht. Sie mögen Jesus nämlich nicht. Deshalb wollen sie, dass der Mann, den Jesus geheilt hat, sagt, Jesus wäre böse.

Aber das will der Mann nicht. Stattdessen sagt er: ‚Noch nie hat jemand einen, der von Geburt an blind war, gesund gemacht. Wenn Jesus nicht von Gott wäre, könnte er so etwas nicht tun!'

Da werden die Pharisäer furchtbar wütend. ‚Wie kannst du es wagen, du Sünder, du böser, schlechter Mann, uns zu belehren!', schimpfen sie und stoßen ihn hinaus.

Jesus hört davon und macht sich auf die Suche nach dem Mann. Als er ihn gefunden hat, fragt er: ‚Glaubst du an den von Gott versprochenen Retter-König?'

‚Herr, wer ist es? Ich will an ihn glauben', sagt der Mann.

‚Du siehst ihn gerade vor dir', antwortet Jesus. ‚Der mit dir redet, der ist es.'

‚Herr, ich glaube', sagt da der Mann und betet Jesus an."

„Die Pharisäer waren aber böse!", meint Timo betroffen. „Warum wollten sie nicht an Jesus glauben?"

Mama überlegt einen Moment. „An Jesus zu glauben, bedeutet, zu glauben, dass es stimmt, was er sagt. Aber das wollten die Pharisäer nicht. Sie wollten nicht auf ihn hören und sie wollten nicht tun, was er sagt. Sie wollten lieber glauben, was sie sich selbst ausgedacht haben."

„Aber wenn es doch nicht stimmt?", fragt Timo stirnrunzelnd. „Das ist aber dumm."

„Tja, so sind die Menschen. Sie glauben lieber etwas, was nicht stimmt, als das, was Jesus sagt."

„Obwohl er so tolle Sachen gemacht hat?", wundert sich Timo.

„Ja, obwohl er so tolle Sachen gemacht hat. Und obwohl er den Menschen die Wahrheit über Gott gezeigt hat. Jesus sagt, dass er das Licht ist. Das Licht der Welt. Aber die Menschen wollen dieses Licht nicht."

Timo schüttelt den Kopf. Das kann er nicht verstehen.

Sie sind zu Hause angekommen. Es gibt Mittagessen und nachmittags spielt Timo. Er denkt nicht mehr an Finn oder die Pharisäer oder die Menschen, die das Licht der Welt nicht wollen. Erst in der Nacht ...

Timo schläft. Mama und Papa schlafen auch. Alles ist still und alle Lampen sind aus.

Auf einmal wird Timo wach. Er hat etwas Komisches geträumt. Er weiß nicht mehr was, aber es war komisch. Er macht die Augen auf. In seinem Zimmer ist es dunkel. Timo sieht nur die Umrisse der Dinge. Aber im Dunkeln sehen sie anders aus. Das unter seinem Fenster, zum Beispiel, hat die Form eines großen, schwarzen Tieres.

*Und was da von der Decke hängt, sieht aus wie irgend-
welche komischen Fliegetiere. Es soll hell sein,* denkt
Timo ängstlich.

Neben seinem Bett steht seine Nachttischlampe. Timo
kann sie ganz leicht anmachen, aber er will seine Hand
nicht unter der Decke hervorstrecken.

Er schaut weiter auf das dunkle Ding auf der anderen
Seite des Zimmers. Kommt es vielleicht sogar näher?
Wäre es doch hell!

Das ist dumm!, denkt
er auf einmal. *Ich
könnte Licht haben,
aber ich bleibe im Dunkeln. So wie Finn. So,
wie die Pharisäer.* Er streckt seine Hand
unter seiner Decke hervor und schaltet
seine Lampe an. Sofort ist es hell im Zimmer.
Unter seinem Fenster steht sein Schaukelpferd. Timo klettert aus dem Bett und
setzt sich darauf. Er schaukelt ein bisschen
und sieht sich im Zimmer um. Von der Decke
hängt das Fisch-Mobile. Ihre Schuppen glit-

zern im Schein der Lampe. Das Regal mit den Büchern und Spielsachen, der Stuhl, auf dem Mama immer sitzt, wenn sie ihm von Jesus erzählt … er kann alles sehen.

Timo steigt von seinem Schaukelpferd und legt sich wieder in sein Bett. Während er einschläft, denkt er daran, dass Jesus das Licht der Welt ist.

Diesen Vers kannst du auswendig lernen:

> **Jesus sagt: „Ich bin das Licht der Welt." Johannes 8,12**

Das kannst du tun:

Gehe alleine in ein Zimmer, in dem es ganz dunkel ist. Nimm eine Taschenlampe mit. Aber lass sie aus. Wenn du nicht mehr möchtest, dass es dunkel ist, schalte die Taschenlampe ein. Du kannst Jesus dafür danken, dass er das Licht der Welt ist.

Das habe ich erlebt:

Jemand, den ich gut kenne, hat schon viele tolle Sachen mit Jesus erlebt. Aber irgendwann wollte diese Person lieber glauben, was sie sich selbst ausgedacht hat. Deswegen sagt sie: „Gott gibt es nicht!"
Ich hoffe sehr, dass sie irgendwann merkt, dass das nicht stimmt.

Biblische Geschichte nach Johannes 9,1-38

Timo besucht Opa Hans

Timo möchte Opa Hans besuchen - unbedingt. Er hat gehört, wie Mama zu Papa gesagt hat, dass Opa Hans sehr, sehr krank ist. Sie hat ganz leise gesprochen, damit Timo es nicht mitbekommt. Aber er hat es doch gehört. Und jetzt will er ihn besuchen.

Mama zögert. „Ich glaube nicht, dass das heute so eine gute Idee ist …"

„Ich glaube, das ist eine sehr gute Idee", sagt Timo entschlossen. „Ich habe gehört, was du zu Papa gesagt hast."

„Oh", sagt Mama etwas besorgt. „Das solltest du eigentlich nicht hören."

„Warum?"

„Damit du nicht traurig wirst."

„Ich werde nicht traurig", sagt Timo.

Vorsichtig erklärt Mama ihm, dass Opa Hans

zu schwach geworden ist, um in seinem Rollstuhl zu sitzen. Er kann nur noch im Bett liegen.

„Vielleicht freut er sich, wenn er mich sieht", meint Timo. „Dann ist ihm nicht so langweilig." Erwartungsvoll schaut er Mama an.

Einen Moment überlegt Mama noch, dann nickt sie. „Er freut sich bestimmt, wenn er dich sieht. Wir fahren zu ihm."

Papa fährt sogar auch mit.

Opa Hans sieht aus, als ob er Schmerzen hätte, und sein Gesicht ist blass. Jetzt bekommt Timo doch einen kleinen Schrecken: *Geht es ihm wirklich so schlecht?*, denkt er.

Als Opa Hans Timo sieht, lächelt er. Mama erklärt ihm, dass es Timos Idee war, heute zu kommen. Da lächelt er noch mehr. „Wie schön!", sagt er und streicht Timo über den Kopf. Dabei zittert seine Hand. „Wirst du wieder gesund, Opa Hans?", fragt Timo besorgt. „Jesus kann dich gesund machen, weißt du."

Opa Hans sieht ihn einen Moment an. „Das haben Maria und Marta auch gedacht ...", sagt er. Und dann erzählt er:

„Lazarus ist sehr krank. Seine beiden Schwestern, Maria und Marta, schicken eine Nachricht an Jesus. *Bestimmt kommt er sofort und macht seinen lieben Freund gesund,* denken sie. Aber Jesus kommt nicht und Lazarus stirbt.

Maria und Marta weinen und weinen. Sie können nicht verstehen, warum Jesus ihnen nicht geholfen hat.

Dann, als Lazarus schon vier Tage tot ist, kommt Jesus endlich.

Marta läuft ihm entgegen: ‚Herr, wenn du hier gewesen wärst, wäre unser Bruder nicht gestorben.

Aber auch jetzt weiß ich, dass Gott dir geben wird, was du von ihm erbittest.'

Jesus sagt: ‚Ich bin die Auferstehung und das Leben. Wer an mich glaubt, der wird leben, auch wenn er stirbt ... Glaubst du das?'

Da antwortet Marta: ‚Ja, Herr, ich glaube, dass du der von Gott versprochene Retter bist, Gottes Sohn, der in die Welt gekommen ist.' Sie geht und holt die weinende Maria. Die Leute, die gekommen sind, um die beiden Schwestern zu trösten, folgen ihnen.

Sie weinen ebenfalls. Da weint Jesus auch.

Die Leute sagen: ‚Seht, wie lieb er ihn gehabt hat!'

Aber einige denken daran, wie Jesus einen Mann, der von Geburt an blind war, geheilt hat, und meinen: ‚Er hat doch den Blinden sehend gemacht; konnte er dann nicht dafür sorgen, dass dieser hier nicht sterben musste?'

Jesus sagt nichts dazu, sondern geht zum Grab. Es ist eine Höhle in einem Felsen, mit einem Stein vor dem Eingang. Noch einmal merken die Leute, wie schlimm das alles für ihn ist.

‚Nehmt den Stein weg', sagt er.

Marta will das nicht. ‚Er ist doch schon vier Tage tot!', widerspricht sie.

Aber Jesus hat etwas ganz Besonderes vor. Als der Stein weg ist, betet er.

Und dann ruft er mit lauter Stimme: ‚Lazarus, komm heraus!'

Da kommt Marias und Martas toter Bruder aus dem Grab! Er ist wieder lebendig!

Jesus hat gezeigt, dass er stärker ist als der Tod", sagt Opa Hans. „Daran glaube ich ganz fest. Auch, wenn er mich nicht gesund macht, weiß ich, dass ich für immer bei ihm im Himmel weiterleben werde.

Dann macht Gott alles neu." Opa Hans schließt die Augen. „Es ist schön, dass ihr mich besucht habt", sagt er.

Timo möchte gerne noch bleiben, aber Mama sagt, dass Opa Hans jetzt ausruhen muss.

Papa, Mama und Timo verabschieden sich.

Auf dem Heimweg ist Timo sehr nachdenklich. „Ich will nicht, dass Opa Hans zu Jesus geht", sagt er, als sie wieder zu Hause sind. „Ich will, dass er bei uns auf der Erde bleibt."

Mama hockt sich vor ihn. Sie nickt.

„Ich möchte ihn auch gerne bei uns haben. Aber im Himmel ist es viiiiel schöner für Opa Hans."

Papa nimmt Timo an die Hand und sagt:

„Ich möchte dir etwas zeigen." Mama kommt auch mit. Zusammen gehen sie zum Kirschbaum in den Garten. Papa hebt Timo hoch, damit er ein kleines, grau-braunes Ding sehen kann, das von einem der Zweige hängt.

„Das ist ein Kokon", erklärt er. „Da drin ist eine Raupe. Aber wenn die Zeit gekommen ist, ist aus der Raupe ein Schmetterling geworden. Er schlüpft aus dem Kokon und fliegt frei und froh davon. Die Raupe ist wichtig, aber sie ist nicht alles. Das Beste kommt danach. Ich zeige dir noch etwas." Papa lässt Timo herunter und sie gehen zum Blumenbeet.

Bunte Schmetterlinge flattern frei und leicht von Blüte zu Blüte.

„All diese Schmetterlinge waren einmal Raupen in einem Kokon", erklärt Papa.

„Unser Körper ist so wie die Raupe und der Kokon.

Wir brauchen ihn für das Leben auf dieser Welt.

Aber das Leben hier auf der Erde ist nicht alles.

Es ist nur der Anfang. Das Beste kommt danach. Das noch viel, viel schönere Leben werden wir bei Jesus im Himmel haben, wenn wir ihm vertrauen."

„Ist Opa Hans ein Schmetterling, wenn er im Himmel ist?", fragt Timo.

„Nein", lächelt Papa. „Aber im Himmel ist er frei von allen Schmerzen. Er ist stark und gesund."

„Können wir ihn bald wieder besuchen?", fragt Timo.

„Ja, das machen wir", nickt Mama. „Und eines Tages werden wir ihn im Himmel wiedersehen. Dann, wenn Gott alles neu macht."

Diesen Vers kannst du auswendig lernen:

Jesus sagt: „Ich bin die Auferstehung und das Leben.
Wer an mich glaubt, der wird leben, selbst wenn er stirbt."
Johannes 11,25

Das kannst du tun:

Male einen bunten Schmetterling, schneide ihn aus und hänge ihn an deine Wand.

Er kann dich daran erinnern, dass Gott eines Tages alles neu macht.

Das habe ich erlebt:

Als für meine Mutti das Leben hier auf dieser Erde vorbei war, war ich furchtbar traurig: Ich konnte sie nicht mehr besuchen und sie auch nicht mehr anrufen.

Aber sie hat Jesus vertraut und ich weiß, dass sie nun bei ihm im Himmel ist. Dort hat sie es so gut, besser, als sie es auf dieser Welt je haben könnte. Das tröstet mich. Und eines Tages werde ich sie dort wiedersehen. Darauf freue ich mich schon.

Biblische Geschichte nach Johannes 11,1-45

Timo und die letzte Waffel

Es soll ganz schnell morgen sein, denkt Timo, als er sich bettfertig macht.

Mama hat nämlich versprochen, dass er die letzte Waffel vom Kaffeetrinken morgen mitnehmen darf für die Frühstückspause.

Ich werde sie gaaanz langsam essen, damit ich lange das Leckere schmecke, nimmt er sich vor, während er seine Zähne putzt.

Erst als Mama ihm noch eine Geschichte von Jesus vorliest, vergisst er die Waffel - für eine Weile ...

„Heute Abend ist Maria allein zu Hause. Ihr Bruder Lazarus und ihre Schwester Marta sind nicht da. Sie sind bei dem Pharisäer Simon. Die Leute nennen ihn ‚den Aussätzigen‘, weil seine Haut früher sehr krank war. Er ist wieder gesund, aber er wird immer noch so genannt.

Heute gibt er ein Festessen für Jesus. Lazarus ist eingeladen als Gast und Marta ist zum Helfen dort.

Nur Maria darf nicht mit. Darüber ist sie traurig. Nicht wegen Simon. Der mag sie nicht. Für ihn ist sie immer noch die ‚Sünderin‘, obwohl es ihr

längst leidtut, wie schlecht sie damals gelebt hat - früher, bevor sie Jesus kennengelernt hat.

Es ist fast wie bei Simon, kommt es ihr in den Sinn, während sie allein im stillen Haus sitzt. *Obwohl Gott ihm ein neues Leben geschenkt hat, sagen die Leute immer noch ‚Simon, der Aussätzige'.*

Sie erinnert sich an den Tag, an dem Jesus zum ersten Mal bei ihr und ihren Geschwistern zu Gast war. Er drehte sich nicht weg und wandte den Kopf nicht zur Seite, als er sie sah. Voller Liebe schaute er sie an und alles andere wurde für sie unwichtig. Sie wollte nur noch bei Jesus sein.

Maria seufzt. *Am liebsten auch jetzt. Ich möchte ihm so gerne zeigen, wie leid mir alles Schlechte tut, wie dankbar ich ihm bin und wie sehr ich ihn liebe,* denkt sie.

Plötzlich hat sie eine Idee. Sie springt auf und läuft zu der Truhe, die unter ihrem Bett steht. Sie zieht die schwere Kiste hervor und wühlt zwischen den Tüchern und Kleidern darin.

Ganz unten ist etwas versteckt: eine wertvolle Flasche mit einem dünnen Hals. In der Flasche ist ein wunderbar duftendes Öl. Es ist furchtbar teuer. Wenn sie dieses Parfüm verkaufen würde, bekäme sie sehr viel Geld.

Aber Jesus ist noch viiiiiel wertvoller für mich, denkt sie.

Sie versteckt die Flasche unter ihrem Umhang und läuft durch die leeren Straßen zum Haus von Pharisäer Simon.

Aus den geöffneten Fenstern hört sie fröhliche Stimmen. Der Duft von gebratenem Fleisch und frischem

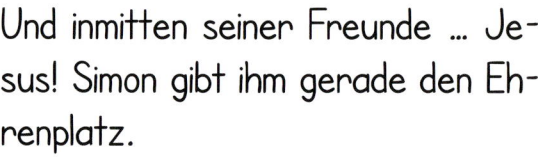

Brot weht zu ihr herüber. Sie sieht Martha, die eine Schüssel auffüllt, Lazarus, der sich ein Stück Rosinenkuchen in den Mund schiebt, und Simon, der den Leuten ihre Plätze zuweist.

Und inmitten seiner Freunde ... Jesus! Simon gibt ihm gerade den Ehrenplatz.

Maria spürt, wie ihr die Tränen kommen. Schnell geht sie in den Raum und tritt von hinten an Jesus heran.

Sie bricht die Flasche auf und gießt etwas daraus auf seinen Kopf. Dann kniet sich an seine Füße. Sie sind staubig von der Reise. Marias Tränen tropfen darauf. Mit ihren langen Haaren trocknet sie die Füße ab und küsst sie. Dann streicht sie sie mit dem duftenden Öl ein.

Sie spürt Simons entsetzte Blicke auf sich. Sie kann sich schon denken, was in seinem Kopf vorgeht: *Wie kann Jesus sich von einer Sünderin anfassen lassen,* überlegt er bestimmt. Aber es ist ihr egal, was Simon oder sonst jemand denkt. Nur Jesus ist wichtig für sie.

Inzwischen hat der Duft des Parfüms das ganze Haus erfüllt.

‚Was für eine Verschwendung!', schimpft da einer der Gäste ärgerlich.

‚Lass sie', hört Maria Jesus sagen. ‚Sie hat etwas Wunderschönes für mich getan. Wo auch immer auf der Welt die gute Botschaft von mir weitergesagt wird, wird auch davon berichtet werden, was sie für mich getan hat ...'

Jesus schämt sich nicht, zu mir zu gehören? Maria kann kaum fassen, was sie da hört.

Und dann erklärt Jesus dem Pharisäer Simon, warum sie das gemacht hat.

Er kann in mein Herz gucken! Er weiß, wie dankbar ich ihm bin und wie sehr ich ihn liebe!, merkt Maria staunend.

Da wendet Jesus sich an sie: ‚Dir sind deine Sünden vergeben', sagt er, so dass alle es hören können. ‚Dein Glaube hat dir geholfen. Geh hin in Frieden.'

Maria darf ganz beruhigt sein. Zwischen ihr und Jesus ist alles in Ordnung."

„Es ist schade, dass ich Jesus nichts schenken kann", sagt Timo, als Mama das Buch zurück ins Regal gestellt hat. „Ich habe ihn auch lieb und möchte ihm das gerne zeigen. Aber ich sehe ihn ja nicht." *Jesus würde ich sogar meine Waffel schenken,* denkt er.

Mama setzt sich wieder an sein Bett. „Aber du siehst die Menschen", lächelt sie. „Wenn du die Menschen liebhast, kannst du damit zeigen, dass du Jesus liebhast, den du nicht siehst."

„Dich zum Beispiel?", fragt Timo.

„Ja, mich zum Beispiel", lächelt Mama.

„Das ist nicht schwer", sagt Timo und drückt sie.

Mama streicht ihm über den Kopf. „Es gibt auch Leute, bei denen kann es uns ganz schön schwerfallen. Der Pharisäer Simon wollte zum Beispiel nicht, dass Maria bei seiner Feier dabei war. Aber so sind wir Menschen manchmal. Wir wollen nur mit denen zusammen sein, die wir mögen."

Timo muss an Jenne denken. Den mag keiner. Timo auch nicht. An den will er sich im Moment lieber nicht erinnern. Lieber denkt er an seine Waffel.

Am nächsten Tag beim Frühstück in seiner Kindergruppe holen alle ihre Brotdosen heraus. Mmh, freut sich Timo. Er beißt in die Waffel und kaut

ganz langsam mit geschlossenen Augen. Damit es noch mehr nach Waffel schmeckt.

Da hört er, wie Frau Burkhardt, die Erzieherin, sagt: „Nimm dein Frühstück heraus, Jenne." Sie klingt ein bisschen ungeduldig. Timo öffnet die Augen. Er sieht, wie Jenne den Kopf schüttelt.

„Hast du keinen Hunger oder hat dir deine Mama nichts eingepackt?", fragt Frau Burkhardt verwundert.

„Meine Mama ist nicht da", sagt Jenne.

Frau Burkhardt steht auf und holt aus dem Schrank eine Scheibe Knäckebrot. Das ist immer das Not-Essen.

Timo beißt wieder in seine Waffel. *Mmh, die schmeckt viel besser.* Er ist froh, dass er kein Knäckebrot braucht.

Er schaut zu Jenne. Der sitzt vor seinem Not-Essen und guckt auf Timos Waffel. Im Gegensatz zu sonst ist er still. Er sieht traurig aus.

Er hätte bestimmt auch gerne eine Waffel, überlegt Timo. Vier von den wertvollen Herzen hat er noch.

Auf einmal muss er an Maria denken und an das, was Mama gestern Abend über das Liebhaben gesagt hat. Und in dem Moment, wo er daran denkt, weiß er, wie er Jesus zeigen kann, dass er ihn liebhat. Schnell, bevor er es sich anders überlegt, schiebt er Jenne seine Brotdose hin.

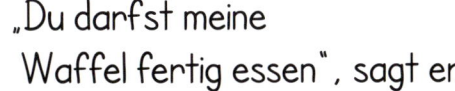

„Du darfst meine
   Waffel fertig essen", sagt er.

Diesen Vers kannst du auswendig lernen:

Jesus sagt: „Sie hat viel Liebe erwiesen." Lukas 7,47

Das kannst du tun:
Vielleicht hast du Lust, auch jemandem eine Waffel zu schenken.
Hier findest du ein leckeres Rezept, das ca. 15 Waffeln ergibt, je nachdem,
wie viel Teig du in das Waffeleisen füllst:

170 g weiche Butter
1 (Sahne-)Becher Zucker
2 Eier
etwas Salz
2 ½ (Sahne-)Becher Mehl
500 g Buttermilch

Die Butter und den Zucker schaumig schlagen. Die Eier dazu schlagen.
Die restlichen Zutaten unterrühren. Der Teig ist weich, aber das macht
nichts. Lass ihn eine Viertelstunde stehen, damit das Mehl quellen kann.
Du brauchst das Waffeleisen nicht einzufetten. Lege die fertigen Waffeln
auf ein Rost.

Was nicht gleich gegessen wird, kann über dem Toaster aufgewärmt werden.

Das habe ich erlebt:

In unserer Nachbarschaft lebte ein sehr kranker, alter Mann mit seiner Frau. Ich besuchte die beiden ab und zu. Dann war Weihnachten. Da kamen auch alle unsere Kinder mit ihren Instrumenten mit zu dem alten Ehepaar. Der kranke Mann und seine Frau haben sich so sehr gefreut!

Und wir auch; denn wir wussten: „Wir haben Jesus besucht."

Biblische Geschichte nach Lukas 7,36-50; Markus 14,3-9;
Matthäus 26,6-13; Johannes 12,1-7

Freudenberg, Esther
Timo und der Königsstern

Unter Omas schönem Tannenbaum entdeckt Timo eine Holzkiste.
„Da drin ist Weihnachten", lächelt Oma geheimnisvoll.
Timo öffnet den Deckel ...
Und an Heiligabend bekommt er eine ganz besondere Überraschung.

Eine liebevoll illustrierte Geschichte für Kinder zwischen 4 und 7 Jahren.
Mit Königsstern-Stickern zum Selbsteinkleben.

40 S. | gebundene Ausgabe | 20,0 x 20,0 cm | 7,95 €
Best.-Nr.: 644.207 | ISBN 978-3-86716-207-4

Freudenberg, Esther
Timo geht in den Ostergarten

Als Timos Kindergartengruppe in den Ostergarten fährt, will er am liebsten zu Hause bleiben.
Nicht, weil er nicht mitmöchte bei diesem Ausflug, sondern weil er dann Mia nicht sehen muss.
Gestern ist nämlich etwas passiert, das er am liebsten vergessen will ...
Eine liebevoll illustrierte Geschichte für Kinder ab 4 Jahren zur Passions- und Osterzeit.
Mit Kreativanleitung für ein eigenes kleines Ostererlebnis.

24 S. | Broschüre | 21,0 x 21,0 cm | 2,95 €
Best.-Nr.: 644.217 | ISBN 978-3-86716-217-3